Microsoft Excel 2013

Initiation à Microsoft Excel 2013

Par : Jackson GERVAIS

Janvier 2015

Rédaction

Jackson GERVAIS

Conception graphique

Richard Watson PREDESTIN

Table des Matières

Chapitre 1
Introduction

Microsoft Excel est un programme d'application qui permet de réaliser différentes fonctions. Il peut être utilisé dans l'élaboration d'un budget, la planification d'une activité et d'autres tâches dans le domaine de la comptabilité, la statistique,... C'est un logiciel conçu par la société Microsoft. Plusieurs versions de ce logiciel ont été mises en place.

Cet ouvrage explique l'utilisation de Microsoft Excel 2013 avec une démarche méthodologique qui comprend l'explication des concepts ainsi que des travaux pratiques. En vue de permettre une bonne utilisation de ce logiciel, cet ouvrage présente les grandes lignes suivantes : les étapes à suivre pour lancer Microsoft Excel, les différentes fonctionnalités de Microsoft Excel et des exercices permettant de mieux appréhender les notions vues.

1.1- Lancer Microsoft Excel

En fonction de la version de Windows dont on dispose, la démarche à suivre pour lancer Microsoft Excel peut être la suivante :

A l'aide du bouton gauche de la souris, cliquer sur :

a) Démarrer ;

b) Programme ;

c) Microsoft Excel.

Si vous disposez de Windows 8, le procédé pour lancer Microsoft Excel 2013 à partir du bouton Démarrer est différent.

Une fois que **Microsoft Excel 2013** est lancé, il offre plusieurs opportunités (figure 1) :

a) Travailler à partir d'un fichier vierge.

b) Utiliser l'un des modèles offerts par Microsoft Excel.

c) Ouvrir un fichier existant.

Figure 1: : Le Mode Backstage de Microsoft Excel 2013

Remarque

Le bouton gauche de la souris sert à placer le curseur dans un endroit à sélectionner (dans ce cas, on clique une fois). Pour sélectionner certaines icônes, il faut cliquer deux fois. Pour être valide, le double-clic doit être fait très vite. Sinon, la commande sera assimilée à deux clics simples successifs.

Le bouton droit de la souris doit être utilisé une seule fois (on clique et on relâche). Le bouton droit sert à afficher un menu contextuel.

Dans le cadre de ce document, si le type n'est pas mentionné, il s'agit d'un clic gauche.

Une fois que Microsoft Excel est ouvert, il est possible de saisir des données, d'insérer des données provenant d'un autre document et aussi de traiter les données saisies, …

1.2- La fenêtre de Microsoft Excel 2013

La fenêtre de Microsoft Excel 2013 est constituée des parties suivantes:

- La barre de titre qui se trouve en haut et comprend entre autres :

  - l'icône correspondant au type de fenêtre,
  - le bouton enregistrer,
  - les icônes permettant d'annuler ou de répéter la dernière action,
  - le nom de la fenêtre en cours,
  - l'icône permettant de trouver de l'aide,
  - trois icônes permettant d'agir sur la fenêtre pour : réduire, agrandir, fermer.

- La barre de menus qui présente les menus et leurs outils ;

- La barre de formule qui comprend :
  - la barre qui affiche la cellule active,
  - la case d'annulation,
  - la case de validation,

- l'icône permettant d'insérer une fonction f_x ,

- la barre qui affiche le contenu de la cellule.

- La feuille de calcul qui contient des lignes et des colonnes ;

- La barre d'état qui comprend entre autres : les onglets permettant de sélectionner la feuille de calcul, la case de zoom ;

- Et souvent, un ascenseur horizontal et un ascenseur vertical. Les ascenseurs apparaissent quand le contenu de la fenêtre ne peut pas s'afficher dans sa totalité.

La fenêtre de Microsoft Excel 2013 se présente comme suit :

Figure 2 : La fenêtre de Microsoft Excel 2013

1.2.1- Les menus

La fenêtre de Microsoft Excel 2013 présente les menus suivants : Fichier, Accueil, Insertion, Mise en Page, Formules, Données, Révision, Affichage (Figure 3) :

Figure 3 : La barre de menus

1) Le menu Fichier

Le menu **Fichier** présente les commandes de base telles que : Enregistrer, Ouvrir, Fermer, Imprimer, Quitter, …

2) Le menu Accueil

Le menu **Accueil** présente un certains nombres d'icônes permettant entre autres de : modifier le format des données, faire un tri, appliquer une mise en forme conditionnelle modifier, insérer ou supprimer des lignes et des colonnes.

Figure 4 : Présentation du menu Accueil

3) Le menu Insertion

Le menu **Insertion** permet d'insérer : un tableau, un graphique, une équation, un en-tête et un pied de page, ….

6

Figure 5 : Présentation du menu Insertion

4) Le menu Mise en Page

Le menu **Mise en Page** permet de modifier : les marges, le thème, les titres à imprimer, la couleur du fond, la dimension et l'orientation des pages, …

Figure 6 : Présentation du menu Mise en Page

5) Le menu Fomules

Le menu **Formules** permet entre autres : d'insérer une formule, de détecter des erreurs dans une formule, d'évaluer une formule, de faire des calculs.

Figure 7 : Présentation du menu Formules

6) Le menu Données

A partir du menu **Données,** il est possible d'insérer des données provenant d'une autre source, de faire un tri, de faire un filtre, d'utiliser la validation des données, …

Figure 8 : Présentation du menu Données

7) Le menu Révision

A partir du menu **Révision**, vous pouvez lancer le vérificateur orthographique, insérer des commentaires, protéger des feuilles de calcul, …

Figure 9 : Présentation du menu Révision

8) Le menu Affichage

Le menu **Affichage** offre la possibilité de modifier le mode d'affichage de la page, de faire un saut de page, de faire une vue avant impression, …

Figure 10 : Présentation du menu Affichage

1.2.2- La feuille de calcul

Microsoft Excel permet de travailler à partir de plusieurs feuilles de calcul. Pour insérer une nouvelle feuille de calcul, presser les touches du clavier : ALT+SHIFT+F1.

Une feuille de calcul utilise des lignes et des colonnes dont l'intersection forme des cellules.

Pour désigner une cellule, utiliser le nom de la colonne suivi du numéro de la ligne. A titre d'exemple :

- A1 : désigne la cellule située à la première ligne dans la colonne A.

- B4 : désigne la cellule située à la quatrième ligne dans la colonne B.

- C9 : désigne la cellule située à la neuvième ligne dans la colonne C.

Les cellules sont destinées à la saisie de données numériques, de texte, de formules permettant de faire des calculs. Une fois qu'une cellule est active, elle devient encadrée. La cellule active est celle qui est sélectionnée par le curseur.

1.2.3- Lier les cellules de deux feuilles de calcul

Pour lier les cellules de deux feuilles de calcul, procéder comme suit :

1) Ouvrir la feuille de calcul qui doit recevoir les données, cliquer dans la cellule à lier, puis tapez le signe égal (=) ;

2) Ouvrir la feuille de calcul qui contient les données, sélectionner la cellule de la feuille de calcul qui contient les données à lier, puis presser la touche **Enter** du clavier.

Chapitre 2
La saisie de données

Lorsque vous travaillez avec le logiciel Microsoft Excel, la première étape consiste à entrer des données dans une feuille de calcul. Les données sont saisies dans les cellules et peuvent être modifiées au besoin. Ce chapitre présente les démarches à suivre pour la saisie de données avec le logiciel Microsoft Excel.

2.1- Marche à suivre pour la saisie de données

Pour saisir des données, procéder comme suit :

1) Cliquer dans la cellule ;

2) Saisir les données dans la cellule ;

3) Presser la touche **Enter** ou **Tab** pour accéder à la cellule suivante.

Pour entrer une nouvelle ligne dans une cellule, presser les touches du clavier suivantes : ALT + ENTER.

Pour entrer une série de données progressives (telles que les jours, les mois, les nombres), sélectionner la cellule contenant la valeur initiales et déplacer le curseur à travers le champ.

2.2- Les données

Les données saisies peuvent être : un texte, des nombres, des valeurs logiques, des valeurs d'erreurs, des valeurs de date et d'heure. Une cellule peut contenir aussi une formule comprenant des signes, des nombres et des références à d'autres cellules.

2.3- Sélection de cellules, de lignes et de colonnes

Pour sélectionner une cellule, placez le curseur sur cette cellule. Puis, cliquez dessus.

2.3.1- Marche à suivre pour sélectionner plusieurs cellules

Pour sélectionner plusieurs cellules, procéder comme suit :

- Sélectionner la cellule de départ ;

- Presser la touche **Maj** / **Shift** et utiliser les flèches de direction pour étendre la sélection.

<u>Ou</u>

- Cliquez dans la cellule de départ;

- Maintenir le curseur enfoncé, puis déplacer la souris pour sélectionner les autres cellules.

2.3.2- Sélectionner une feuille de calcul

Pour sélectionner toute la feuille, cliquer sur la flèche se trouvant en haut et à gauche de la feuille de calcul (à l'intersection des lignes et des colonnes).

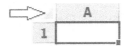

D'autres procédés peuvent être utilisés afin de sélectionner les différentes parties d'une feuille de calcul telles que : des cellules non adjacentes, une ligne ou une colonne (Annexe 1).

2. 4- Insérer ou supprimer des cellules, des lignes et des colonnes

2.4.1- Insérer des cellules, des lignes et des colonnes

Microsoft Excel permet d'insérer des cellules vides au-dessus ou à gauche de la cellule active dans une feuille de calcul.

Pour insérer des cellules, procéder comme suit :

- sélectionnez les cellules, les lignes ou les colonnes désirées,

- dans le menu **Accueil**, cliquez sur **Insertion** qui se trouve dans le groupe **Cellules**,

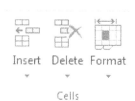

Figure 11 : Le groupe Cellules du menu Accueil

- une liste déroulante s'affiche offrant la possibilité d'insérer des cellules, des lignes ou des colonnes,

- cliquez sur l'une des options offertes.

Ou

- sélectionner les cellules, les lignes ou les colonnes se trouvant dans la zone d'insertion,

14

- faire un clic droit,

- une liste déroulante s'affiche offrant la possibilité d'insérer des cellules, des lignes ou des colonnes. Cliquer sur l'option souhaitée.

2.4.2- Supprimer des cellules, des lignes et des colonnes

Pour supprimer des cellules, des lignes et des colonnes, procéder comme suit :

- sélectionnez les cellules, les lignes ou les colonnes désirées,

- dans le menu **Accueil**, cliquez sur **Supprimer** qui se trouve dans le groupe **Cellules**,

- une liste déroulante s'affiche offrant la possibilité de supprimer des cellules, des lignes ou des colonnes,

- cliquez sur l'une d'elles.

Ou

- sélectionnez les cellules, les lignes ou les colonnes à supprimer,

- faire un clic droit,

- une liste déroulante s'affiche offrant la possibilité d'insérer des cellules, des lignes ou des colonnes,

- cliquez sur l'option voulue.

15

Remarque

Lors de l'insertion de cellules vides, Microsoft Excel déplace les autres cellules de la même colonne vers le bas ou des cellules de la même ligne vers la droite pour accueillir les nouvelles cellules.

Pour répéter rapidement la suppression de cellules, de lignes ou de colonnes :

- sélectionnez les prochaines cellules, les lignes ou les colonnes,

- appuyez sur les touches du clavier : **CTRL + Y**.

Si nécessaire, vous pouvez restaurer les données effacées immédiatement après leur suppression. Dans la barre d'outils d'Accès rapide, cliquez sur **Annuler Supprimer**, ou presser les touches du clavier : **Ctrl + Z**.

2.5- La validation des données

La validation des données permet de contrôler le type de données ou de valeurs à saisir dans une cellule. A titre d'exemple, la validation des données peut être utilisée pour restreindre la saisie de données dans une plage de dates, limiter les choix en utilisant une liste ou faire en sorte que seuls des nombres entiers positifs soient inscrits.

Pour utiliser la validation des données, utiliser les icônes du groupe **Outils de données / Data Tools** du menu **Données.**

Figure 12 : Le groupe Outils de données du menu Données

2.5.1- Limiter les données saisies à un nombre entier

Pour limiter les données saisies à un nombre entier, procéder comme suit :

- Sélectionnez une ou plusieurs cellules à valider ;

- Dans le menu **Données**, dans le groupe **Outils de données**, cliquer sur l'icône **Validation des données** ;

17

- Cliquer sur **Validation des données** pour obtenir la boîte de dialogue suivante :

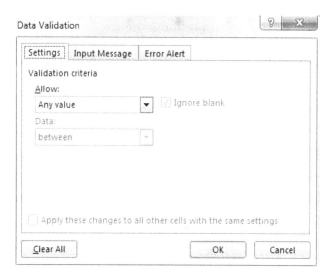

Figure 13 : La boîte de dialogue Validation des données

- Dans la boîte de dialogue **Validation des données**, cliquez sur l'onglet **Paramètres / Settings** ;

- Dans la zone **Autoriser / Allow**, sélectionnez **Nombre entier** ;

- Dans la partie **Données**, sélectionnez le type de restriction désiré. Pour fixer des limites supérieures et inférieures, entrez le minimum, le maximum ou une valeur spécifique ;

18

- Pour spécifier la façon de considérer les valeurs nulles, activez ou désactivez la case **Ignorer valeurs vides** ☑ Ignore blank .

2.5.2- Limiter les données saisies à un nombre décimal

Pour limiter les données saisies à un nombre décimal, procéder comme suit :

- Sélectionnez une ou plusieurs cellules à valider ;

- Dans le menu **Données**, cliquer sur **Validation des données** qui se trouve dans le groupe **Outils de données** ;

- Dans la boîte de dialogue **Validation des données**, cliquer sur l'onglet **Paramètres** ;

- Dans la zone **Autoriser**, sélectionnez décimal ;

- Sélectionnez le type de restriction désiré dans la partie **données**, entrez le minimum et le maximum ;

- Cliquez sur **OK**. Ensuite, choisir le format des données en sélectionnant la cellule et en cliquant sur le format des nombres dans le groupe **Nombre** du menu **Accueil**.

2.5.3- Limiter la saisie de données à une date

Pour limiter la saisie de données à une date dans un délai, procéder comme suit :

- Sélectionnez une ou plusieurs cellules à valider ;
- Dans le menu **Données**, dans le groupe **Outils de données**, cliquez sur **Validation des données** ;

- Dans la boîte de dialogue **Validation des données**, cliquez sur l'onglet **Paramètres** ;

- Dans la zone **Autoriser**, sélectionnez **Date** ;

- Dans la partie **données**, sélectionnez le type de restriction désiré ;

- Entrez le début, la fin du délai ou une date précise.

2.5.4- Message d'alerte lors de la saisie de données

Pour afficher un message lorsque la cellule est sélectionnée, procéder comme suit :

- Cliquez sur l'onglet **Message de saisie** ;
- Cochez la case ☑ Show input message when cell is selected ;

- Remplissez le titre et le texte du message ;

- Cliquez sur **OK**.

Figure 14 : **L'onglet Message de saisie de la boîte de dialogue Validation des données.**

Pour spécifier une réponse à des données non valides :

1) Cliquez sur l'onglet **Alerte d'erreur** et cochez la case Voir l'alerte d'erreur quand des données non valides sont saisies ;

2) Sélectionnez l'une des options de la zone **Style**.

Figure 15 : L'onglet Alerte d'erreur de la boîte de dialogue Validation des données

2.6- Orthographe et Grammaire

Pour corriger les fautes d'orthographe ou de grammaire, procéder comme suit :

1) Dans le menu **Révision**, cliquer sur **Orthographe**  Spelling .

Spelling Research Thesaurus

Proofing

Figure 16 : Les icônes permettant de lancer la correction automatique

2) Dans le cas où le programme trouve des fautes au niveau des mots, une fenêtre s'affiche (figure 17) et propose des suggestions. Choisir les mots appropriés.

Figure 17 : La fenêtre permettant de corriger les fautes d'orthographe

4) Après avoir corrigé les fautes trouvées, vous pouvez fermer la boîte de dialogue.

<u>Ou</u>

Faire un clic droit sur les mots soulignés en bleu ou en rouge pour faire apparaître les corrections suggérées. Et, choisir le mot approprié.

Chapitre 3
Format des données

Les données qui apparaissent dans une cellule ne sont pas toujours le contenu exact de la cellule, mais elles peuvent être modifiées en fonction du format choisi. Microsoft Excel offre de nombreuses options permettant de modifier le format des données selon votre préférence. Ce chapitre présente les démarches à suivre pour modifier le format des données saisies.

3.1- Format des nombres

Pour modifier le format des nombres, procéder comme suit :

1) Sélectionnez les cellules à modifier ;

2) Dans le menu **Accueil**, cliquez sur la flèche se trouvant dans la partie droite de la zone **format des nombres** General ⇐ qui se trouve dans le groupe **Nombre**.

Figure 18 : Le groupe Nombre du menu Accueil

3) Une liste déroulante s'affiche, choisir le format de nombres désiré.

<u>Ou</u>

1) Sélectionner les cellules à modifier ;

2) Dans le menu **Accueil,** cliquez sur la flèche ⌐ se trouvant dans la partie droite du groupe **Nombre** pour faire apparaître la boîte de dialogue suivante :

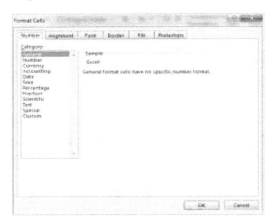

Figure 19 : La boîte de dialogue Format de cellules

3) Cliquer sur la catégorie désirée, puis choisir l'un des formats.

4) Cliquer sur **OK**.

3.2- Alignement des contenus des cellules

Le groupe **Alignement** qui se trouve dans le menu **Accueil** permet de modifier l'affichage des données contenues dans les cellules.

Figure 20 : Le groupe Alignement du menu Accueil

1) Dans la feuille de calcul, sélectioner les cellules à modifier ;

2) Dans le menu **Accueil**, cliquer sur l'une des icônes du groupe **Alignement**.

<u>Ou</u>

Cliquer sur la flèche ⌐ située à droite du groupe **Alignement** pour obtenir la boîte de dialogue suivante (figure 21) :

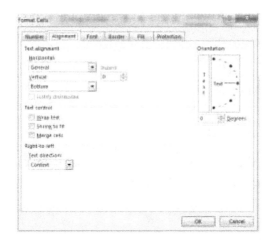

Figure 21 : L'onglet Alignement de la boîte de dialogue Format de cellules

3.3- Format des caractères

Le groupe **Police** du menu **Accueil** permet de modifier le format, la taille et la couleur des caractères des données contenues dans les cellules.

Pour modifier les polices de caractère, procéder comme suit :

1) Sélectionner le (s) mot (s);

2) Dans le menu **Accueil (Home),** cliquer sur la flèche se trouvant à droite du type de caractères `Times New Rom ▾` pour faire apparaître la liste des polices de caractères, puis cliquer sur l'un d'eux.

Cliquer sur la flèche située à droite de la taille des caractères
12 pour faire apparaître la liste des tailles de caractères,
puis cliquer sur l'une d'elles.

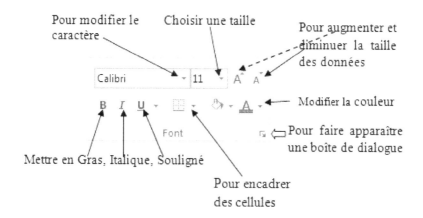

Figure 22 : Le groupe Police du menu Accueil

<u>**Ou**</u>

Cliquez sur la flèche 	 se trouvant à droite du groupe **Police**.
Choisir l'onglet **Police** pour obtenir la boîte de dialogue
suivante :

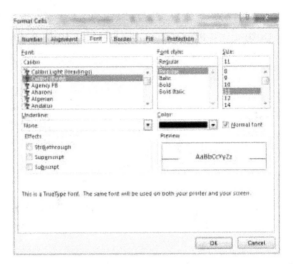

Figure 23 : L'onglet Police de la boîte de dialogue Format de cellules

3.4- Modifier la hauteur de lignes et la largeur de colonnes

3.4.1- Modifier la hauteur de lignes

Pour modifier la hauteur de lignes, procéder comme suit :

1) Sélectionnez la cellule ou la plage de cellules à modifier ;

2) Dans le menu **Accueil**, cliquez sur **Format** qui se trouve dans le groupe **Cellules** ;

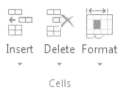

Figure 24 : le groupe Cellules du menu Accueil

3) Cliquez sur Hauteur des cellules qui se trouve dans la partie **taille des cellules**.

- Pour ajuster automatiquement la hauteur de ligne, cliquez sur **Ajuster la hauteur de ligne**.

- Pour spécifier une hauteur de ligne, cliquez sur **Hauteur de ligne**, puis tapez la hauteur de la ligne désirée dans la zone **hauteur de ligne**.

Figure 25 : La fenêtre permettant de modifier la hauteur de ligne

3.4.2- Modifier la largeur des colonnes

Pour modifier la largeur des colonnes, procéder comme suit :

1) Cliquez sur les cellules se trouvant dans la colonne à modifier ;

2) Dans le menu **Accueil**, cliquez sur **Format** qui se trouve dans le groupe **Cellules** ;

3) Cliquez sur **Largeur Colonne,** puis tapez la largeur de colonne désirée dans la zone **largeur de colonne**.

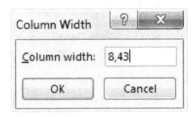

Figure 26 : La fenêtre permettant de modifier la largeur de colonne

<u>Ou</u>

Cliquez sur **Ajuster la largeur de colonne** pour ajuster automatiquement la largeur de colonne.

La hauteur des lignes et la largeur des colonnes peuvent être aussi modifiées manuellement. Pour ce :

- placez le curseur sur la ligne ou la colonne à modifier,

- une fois que la forme du curseur change, déplacer le curseur à l'endroit désiré.

3.5- Encadrer des cellules

Les lignes figurant dans la feuille de calcul de Microsoft Excel ne seront pas visibles quand vous imprimez vos fichiers. Pour encadrer une ou plusieurs cellules, procéder comme suit :

1) Sélectionnez la ou les cellules à modifier ;

2) Cliquez sur les encadrés ⊞ se trouvant dans le groupe **Police** du menu **Accueil**. Vous pouvez faire défiler la liste et choisir le type d'encadrement désiré.

<u>Ou</u>

Cliquer sur la flèche ⌐ située à droite du groupe **Police** et choisir l'onglet **Bordure** pour obtenir la boîte de dialogue suivante :

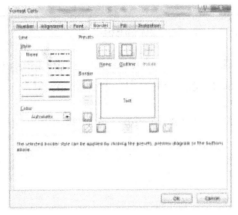

Figure 27 : L'onglet Bordure de la boîte de dialogue Format de cellules

3.6- Modifier la couleur du fond

Pour modifier la couleur du fond d'une ou plusieurs cellules, procéder comme suit :

1) Sélectionnez la ou les cellules à modifier ;
2) Dans le menu **Accueil**, cliquer sur l'icône qui se trouve dans le groupe **Police**.

<u>**Ou**</u>

Cliquer sur la flèche située à droite du groupe **Police** et choisir l'onglet **Fill** pour obtenir la boîte de dialogue suivante :

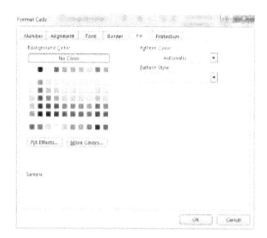

Figure 28 : L'onglet permettant de modifier l'arrière plan

3.7- Faire un saut de ligne

Pour insérer une nouvelle ligne de texte à un point spécifique dans une cellule, procéder comme suit :

1) double-cliquez sur la cellule,

2) cliquez à l'endroit où vous voulez couper la ligne dans la cellule,

3) appuyez sur les touches du clavier suivantes : **ALT** + **ENTER**.

3.8- Protéger une feuille de calcul

Pour protéger une feuille de calcul, la démarche à suivre est la suivante :

- Sélectionner la feuille de calcul à protéger ;

- Faire un clic droit sur la feuille de calcul ;

- Une liste déroulante s'affiche et offre plusieurs possibilités : Insérer, Supprimer, Renommer, Déplacer, Copier, Protéger feuille de calcul …

- Cliquer sur **Protéger Feuille de calcul** ;

- Dans la fenêtre qui s'ouvre :

  - cochez la case permettant de protéger la feuille de calcul,

  - tapez le mot de passe,

  - cochez les options à autoriser,

  - cliquez sur **OK**.

3.9- Mise en forme conditionnelle

Pour appliquer la mise en forme conditionnelle, procéder comme suit :

1) Dans le menu **Accueil**, cliquez sur **Mise en forme conditionnelle**  qui se trouve dans le groupe **Styles**, puis cliquez sur **Balance couleur / Color Scales**.

Figure 29 : Le groupe Styles du menu Accueil

2) Placez le curseur sur les icônes de l'échelle des couleurs pour voir un aperçu des données avec la mise en forme conditionnelle. Choisir l'une d'elles.

Figure 30 : La liste déroulante pour la Mise en forme conditionnelle

3.10- Appliquer un thème

Pour appliquer un thème à une feuille de calcul, procéder comme suit :

1) Dans le menu **Mise en Page**, cliquez sur **Thème** qui se trouve dans le groupe **Thèmes**.

Figure 31 : Le groupe Thèmes du menu Mise en Page

2) Une liste de thèmes s'affiche.

3) Choisir l'un des thèmes en cliquant dessus.

Chapitre 4

Classer et Filtrer des données

Microsoft Excel permet de classer les données saisies ou de faire un tri en fonction de critères définies. L'option  permet de classer les données par ordre de grandeur croissante ou décroissante et l'option Filter permet de filtrer une partie des données.

Figure 32 : Le groupe Sort & Filter du menu Données

4.1- Classer des données

Pour classer des données, procéder comme suit :

1) Sélectionnez les données à classer ;

2) Dans le menu **Données** et dans le groupe **Sort & Filter** :

- Pour classer les données par ordre de grandeur croissante, cliquez sur l'icône $\frac{A}{Z}\downarrow$.

- Pour classer les données par ordre de grandeur décroissante, cliquez sur l'icône $\frac{Z}{A}\downarrow$.

- Pour avoir plus de possibilités, cliquez sur l'icône Sort . Et, on obtient la boîte de dialogue suivante :

Figure 33 : La boîte de dialogue permettant de classer des données

Dans la boîte de dialogue, cliquer :

- dans la première case Sort by Column D pour définir la colonne à considérer,

- dans la deuxième case Values pour définir le critère à prendre en compte,

39

- dans la troisième case A to Z ▾ pour définir l'ordre du classement.

4.2- Faire un Tri

Pour faire un tri, procéder comme suit :

1) Sélectionnez les données ;

2) Dans le groupe **Edition** du menu **Accueil**, cliquer sur : Filter

3) Une flèche ▾ s'ajoute à l'en-tête des colonnes. Cliquez sur l'une des flèches pour choisir les critères du tri.

Chapitre 5
Tableau

Microsoft Excel offre des modèles de tableaux. Dans le menu **Insertion**, cliquez sur **Tableau** dans le groupe **Tableaux.**

Figure 34 : Le groupe Tableaux du menu Insertion

5.1- Insérer un tableau

Pour insérer un tableau, procéder comme suit :

1) Sélectionnez la plage de cellules à inclure dans le tableau ;

2) Dans le menu **Insertion**, dans le groupe **Tableaux**, cliquez sur **Tableau** ;

3) Si la plage des cellules sélectionnées contient des données que vous voulez utiliser dans l'en-tête du tableau, sélectionnez la case *Ma table a des en-têtes*.

Figure 35 : La boîte de dialogue Création de Tableau

Ou

1) Sélectionnez la plage de cellules à inclure dans le tableau ;

2) Cliquez sur l'icône **Format tableau** qui se trouve dans le groupe **Styles** du menu **Accueil** ;

Figure 36 : Le groupe Styles du menu Accueil

3) Choisir le style du tableau dans la liste déroulante qui s'affiche.

Pour insérer un tableau, presser les touches du clavier : CTRL+L (Annexe 2).

Remarque

Par défaut, l'en-tête du tableau affiche des noms que vous pouvez modifier en sélectionnant l'en-tête à remplacer, puis taper le texte désiré.

Après la création d'un tableau, les outils de tableau deviennent disponibles et le menu **Conception** s'affiche. Vous pouvez utiliser les outils du menu **Conception** pour personnaliser ou modifier le tableau.

Figure 37 : Le menu Conception de tableau

5.2- Supprimer un tableau

Pour supprimer un tableau, procéder comme suit :

1) Sélectionnez le tableau ;

2) Appuyez sur la touche du clavier **Supprimer**. Ou, cliquer sur couper ✂ Cut qui se trouve dans le menu **Accueil**.

43

<u>Ou</u>

Immédiatement après la création du tableau, cliquez sur Annuler ↶ dans la barre d'outils d'Accès rapide.

Pour modifier un tableau, procéder comme suit :

1) Cliquer dans une partie du tableau ;
2) Dans le menu **Conception**, cliquer sur l'icône ⊟ Convert to Range dans le groupe **Outils**.

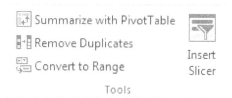

Figure 38 : Le groupe Outils du menu Conception

Chapitre 6
Graphique

Microsoft Excel offre une variété de types de graphiques (comme un histogramme ou un camembert) et leurs sous-types (comme un graphique à colonnes empilées ou une tarte dans le graphique 3-D). Il est également possible de créer un graphique combiné en utilisant plusieurs types de graphique. La forme du graphique est fonction des données saisies.

Figure 39 : Le groupe Graphiques du menu Insertion

6.1- Création de graphique

Pour insérer un graphique, procéder comme suit :

1) Sélectionner les données à utiliser ;

2) Dans le groupe **Graphiques** du menu **Insertion**, cliquer sur le modèle de graphique désiré;

<u>Ou</u>

Cliquez sur la flèche ⌐ située à droite du groupe **Graphiques**
pour obtenir la figure suivante :

Figure 40 : La boîte de dialogue Création de graphique

Après la création d'un graphique, le menu **Conception** de
graphique devient disponible.

Figure 41 : Le menu Conception de graphique

Lorsque vous appliquez un modèle de graphique prédéfini, un ensemble spécifique d'éléments (titre, légende ou étiquettes de données) sont affichés dans une disposition particulière. Vous pouvez choisir parmi une variété de configurations qui sont fournies pour chaque type de graphique. Après la création du graphique, il est possible de changer son apparence. Vous pouvez appliquer rapidement une mise en page prédéfinie ou ajouter manuellement des éléments graphiques.

Microsoft Excel offre une variété de mises en page prédéfinies et des styles, mais vous pouvez personnaliser une mise en page ou le style selon votre préférence.

6.2- Modifier un graphique

Après avoir créé un graphique, il est possible de modifier l'un de ses éléments : changer la façon dont les axes sont affichés, ajouter un titre au graphique, déplacer ou masquer la légende, afficher des éléments supplémentaires. Pour ce, vous pouvez cliquer sur l'élément du graphique et changer le style.

Cliquer sur les icônes suivantes :

- pour ajouter des éléments au graphique.

- pour modifier le type de graphique.

- pour faire un tri dans le graphique.

6.2.1- Modifier le type de graphique

Pour modifier le type de graphique, procéder comme suit :

1) Cliquez n'importe où dans le graphique pour faire afficher les menus conception du graphique ;

2) Dans le menu **Conception**, cliquer sur l'icône permettant de modifier le type de graphique qui se trouve dans le groupe **Type** ;

3) Une boîte de dialogue s'affiche, choisir le nouveau type de graphique désiré.

6.2.2- Ajouter des titres aux axes d'un graphique

Pour ajouter des titres dans l'axe d'un graphique, utiliser les icônes du groupe **Mise en page graphique** qui se trouve dans le menu **Conception**.

Figure 42 : Le groupe Mise en page graphique du menu Conception

Pour modifier l'affichage des axes du graphique, procéder comme suit :

1) Cliquez n'importe où dans le graphique pour faire afficher les menus conception du graphique.

2) Dans le menu **Conception**, dans le groupe Étiquettes, cliquez sur **Titres des axes**.

3) Une liste déroulante s'affiche et offre deux possibilités :

   ▪ ajouter un titre horizontal à un axe,

   ▪ ajouter un titre vertical à un axe.

Cliquez sur l'une d'elles, puis choisir l'option que vous voulez.

4) Dans la zone de **Titre de l'axe** qui s'affiche dans le graphique, tapez le texte que vous voulez.

5) Pour mettre en forme le texte, sélectionnez-le, puis cliquez sur les options de formatage que vous voulez dans la barre d'outils.

6.2.3- Lier un graphique à une cellule

Pour lier un graphique à une cellule d'une feuille de calcul, procéder comme suit :

1) Cliquez sur le graphique que vous souhaitez lier à la cellule de la feuille de calcul.

2) Cliquez dans la barre de formule dans la feuille de calcul
, puis tapez le signe égal (=).

3) Sélectionnez la cellule de la feuille de calcul qui contient les données et tapez le texte à afficher dans le graphique.

4) Appuyez sur la touche **Enter** du clavier.

Chart 1   ▼   : f_x

6.3- Supprimer un graphique

Si vous voulez supprimer un graphique, procéder comme suit :

- cliquez sur le graphique pour le sélectionner,

- appuyez sur la touche **Supprimer** du clavier ou cliquer sur **couper** ✄ Cut dans le menu **Accueil**.

Chapitre 7
Formules et fonctions

7.1- Formules

Une formule est une équation qui permet de : faire des calculs, retrouver une information, tester une condition, ... Une formule commence toujours par le signe égale (=) et peut contenir entre autres :

- des opérateurs,

- des références à d'autres cellules,

- des parenthèses.

7.1.1- Les opérateurs

Les opérateurs sont ajoutés aux formules afin de définir les opérations à réaliser.

Quelques opérateurs

Opérateurs	Fonction
:	Pour indiquer une étendue de cellules.
Un espace	Pour indiquer une intersection.
,	Union
-	Soustraction
%	Pourcentage
^	Exponentiel
*	Multiplication
/	Division
+	Addition
>=	Supérieur ou égal.

7.1.2- Insérer une formule

Pour insérer une formule, procéder comme suit :

- Sélectionner la cellule qui doit recevoir la formule ;

- Taper le signe égale (=) dans la cellule ;

- Taper la formule, puis presser la touche **Enter** du clavier ou

  cliquer sur la flèche permettant d'activer la formule ⎯ qui

  se trouve dans la barre de formule.

7.1.3- Démarche pour étendre une formule à d'autres lignes

Pour étendre une formule à d'autres lignes, procéder comme suit :

- Sélectionnez la cellule de départ ;

- Cliquez dans la partie droite de la cellule de départ ;

- Attendre que le curseur se change comme suit **+** ;

- Maintenir le curseur enfoncé, puis déplacer la souris pour sélectionner les autres cellules.

7.2- Fonctions

Les fonctions peuvent être utilisées dans les calculs (Annexe 3). Dans le menu **Formules**, utiliser les fonctions de la librairie.

Figure 43 : La librairie des fonctions

Cliquer sur l'une des catégories. Une fois que vous avez accès à la liste des fonctions de la catégorie, choisir la fonction désirée.

7.2.1- Les fonctions mathématiques et trigonométriques

La marche à suivre pour utiliser les fonctions **mathématiques et trigonométriques** est la suivante :

1) Dans le menu **Formules**, cliquez sur l'icône permettant de calculer les fonctions **Mathématiques et Trigonométriques** qui se trouve dans la librairie des fonctions.

2) Une liste déroulante affiche les différentes formules **Mathématiques et Trigonométrique,** cliquer sur l'une d'elles pour faire apparaître la fenêtre qui correspond à la formule ;

3) Choisir la plage de cellules qui est concernée par la formule ;

54

4) Cliquer sur **OK**.

7.2.2- La fonction logique Si

Pour utiliser la **fonction Si**, la démarche à suivre est :

1) Dans le menu **Formules**, cliquez sur la **fonction logique** 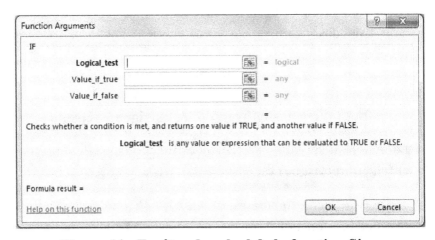 qui se trouve dans la librairie des fonctions.

2) Une liste déroulante s'affiche, cliquer sur la fonction **Si** afin d'afficher la fenêtre suivante :

Figure 44 : Fenêtre de calcul de la fonction Si

3) Dans la première case, taper le test logique ;

4) Dans la deuxième case, saisir la valeur à afficher au cas où la condition est rencontrée ;

5) Dans la troisième case, taper la valeur à afficher au cas où l'on ne rencontre pas la condition posée ;

6) Cliquez sur **OK**.

Chapitre 8
Mise en page

Microsoft Excel offre la possibilité de modifier la dimension et l'orientation des pages. Le menu **Mise en Page** présente un ensemble d'icônes permettant de modifier la présentation de la page. Dans ce chapitre, les marches à suivre pour apporter des modifications aux pages seront prises en compte.

Figure 45 : Le groupe Mise en Page

8.1- Dimension et orientation de page

8.1.1- Dimension de page

Pour modifier la dimension de page, procéder comme suit :

- Dans le menu **Mise en Page**, cliquez sur **Dimension**

- Une liste de dimensions s'affiche, cliquez sur l'une d'elles.

Pour avoir plus de possibilité, cliquez sur **Plus de dimensions Papiers**.

8.1.2- Orientation de page

Pour modifier l'orientation de page, procéder comme suit :

- Dans le menu **Mise en Page**, cliquez sur **Orientation** ;

- Une liste déroulante affiche les deux modes d'orientation : **Portrait** et **Paysage** ;

- Cliquez sur l'un d'eux.

<u>Ou</u> bien

1) Cliquez sur la flèche se trouvant à droite du groupe **Mise en Page** et cliquer sur l'onglet **Page** pour faire apparaître la boîte de dialogue suivante :

Figure 46 : L'onglet Page de la boîte de dialogue Mise en Page

2) Dans l'onglet **Page,** choisir l'option **Portait** ou **Paysage**.

3) Cliquez sur **OK**.

8.2- Modifier les marges

Pour modifier les marges, procéder comme suit :

- Dans le menu **Mise en Page**, cliquez sur **Marges**   ;

- Une liste de dimensions s'affiche, cliquez sur l'une d'elles.

<u>Ou</u>

1) Cliquez sur la flèche se trouvant à droite du groupe **Mise en page** et cliquer sur l'onglet **Marges** pour faire apparaître la boîte de dialogue suivante :

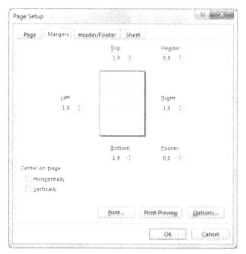

Figure 47 : L'onglet Marges de la boîte de dialogue Mise en Page

L'onglet **Marges** offre les options suivantes :

- Modifier les marges, cliquez sur les flèches pour ajuster la dimension des marges en haut, en bas, à gauche et à droite.

- Modifier la dimension de l'en-tête et du pied de page.

- Faire une vue avant impression.

- Imprimer ou modifier les options d'impression.

8.3- Insertion En-tête et Pied de page

Pour insérer un en-tête ou un pied de page, procéder comme suit :

- Dans le menu **Insertion**, cliquez sur **En-tête et Pied de page**  qui se trouve dans le groupe **Texte**.

Figure 48 : Le groupe Texte du menu Insertion

Ou

Cliquez sur la flèche ⬁ se trouvant à droite du groupe **Mise en Page** et choisir l'onglet **En-tête et Pied de page** pour faire apparaître la boîte de dialogue suivante :

Figure 49 : L'onglet En-tête et Pied de Page de la boîte dialogue Mise en Page

8.4- Spécifier les lignes et les colonnes à imprimer

Pour spécifier les lignes et les colonnes à imprimer, procéder comme suit :

1) Dans le menu **Mise en page**, cliquez sur **Imprimer Titres** . Choisir l'onglet **Feuille** ;

La boîte de dialogue suivante s'affiche :

62

Figure 50 : L'onglet Feuille du menu Mise en Page

2) Dans la partie **titres d'impression**, spécifier les lignes et les colonnes à prendre en compte. Cliquer sur **OK**.

Chapitre 9
Création de fichiers

Lorsque vous créer un nouveau fichier avec Microsoft Excel 2013, il est possible d'utiliser :
- un fichier vierge
- un des modèles de Microsoft Excel.

Un classeur peut contenir plusieurs feuilles de calcul. Mais, vous pouvez modifier le nombre de feuilles de calcul. Il est aussi possible d'ajouter et de supprimer des feuilles de calcul.

9.1- Insérer ou supprimer des feuilles de calcul

9.1.1- Insérer une ou plusieurs feuilles de calcul

Pour insérer une feuille de calcul, cliquer sur le bouton ⊕ situé à droite des onglets permettant de sélectionner les feuilles de calcul

Sheet1   ⊕⇐ .

9.1.2- Supprimer une ou plusieurs feuilles de calcul

Pour supprimer une feuille de calcul, procéder comme suit :

- Sélectionner la feuille de calcul à supprimer ;

- Faire un clic droit sur la feuille de calcul à supprimer ;

- Une liste déroulante offre plusieurs possibilités : Insérer, Supprimer, Renommer, Déplacer ou Copier, …

- Cliquer sur **Supprimer**.

9.2- Marche à suivre pour créer un fichier

Pour créer un fichier avec le logiciel Microsoft Excel 2013, procéder comme suit :

1) Dans le menu **Fichier**, cliquer sur **Enregistrer** ou **Enregistrer sous** ;

Figure 51 : Le menu Fichier

2) La fenêtre suivante s'affiche :

Figure 52 : La fenêtre permettant de choisir le répertoire

3) Cliquer sur le répertoire où vous voulez sauvegarder le fichier. Ensuite, on obtient la figure suivante :

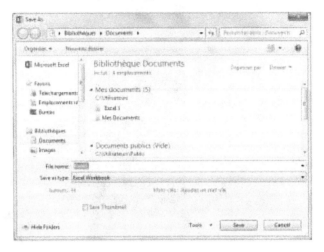

Figure 53 : La boîte de dialogue Enregistrer sous

4) Dans la boîte de dialogue **Enregistrer sous,** taper le nom du fichier dans la zone **Nom du Fichier** ;

5) Cliquer sur la flèche en bas pour choisir le format du document ;

6) Cliquer sur **Enregistrer / Save**.

<u>Ou</u>

1) Dans le menu **Fichier**, cliquez sur **Nouveau** pour avoir plus de possibilités. La fenêtre suivant s'affiche :

Figure 54 : Les modèles de fichier

2) Double cliquer sur l'un des modèles disponibles.

Chapitre 10
Imprimer une feuille de calcul

10.1- Aperçu avant impression

Avant de faire une impression, il est souvent nécessaire de vérifier si tout est bien. Pour faire un aperçu avant impression, procéder comme suit :

1) Cliquez sur la feuille de calcul ou sélectionnez les feuilles de calcul à visualiser.

2) Cliquez sur **Fichier**, puis cliquez sur **Imprimer**. (Raccourci clavier : appuyer sur CTRL + F2).

3) Pour visualiser les pages précédentes et suivantes, cliquez sur **Page suivante** et **Page précédente** qui se trouve au bas de la fenêtre **Aperçu avant impression**. Cette option est disponible quand vous sélectionnez plusieurs feuilles de calcul, ou quand une feuille de calcul contient plusieurs pages.

Pour afficher plusieurs feuilles de calcul, cliquez sur **Classeur entier** dans la partie **Paramètres**.

Print Active Sheets
Only print the active sheets

4) Pour afficher les marges, cliquez sur la partie **Marges** qui se trouve en bas de la fenêtre **Aperçu avant impression**.

5) Pour quitter l'aperçu avant impression et revenir à votre classeur, cliquez sur un autre menu situé au-dessus de la fenêtre **Aperçu avant impression**.

10.2- Impression de feuilles de calcul

Microsoft Excel permet d'imprimer la feuille de calcul en portrait ou en paysage. Choisir l'orientation de la page qui vous convient. Pour imprimer une ou plusieurs feuilles de calcul, procéder comme suit :

1) Sélectionnez la ou les feuilles de calcul ;

2) Cliquez sur le menu **Fichier** ;

3) Cliquez sur **Imprimer** (A partir du clavier, vous pouvez presser les touches CTRL+P.) ;

4) Dans la partie orientation de la page, cliquez sur **Portrait** ou **Paysage** ;

Figure 55 : L'onglet Imprimer du menu Fichier

5) Quand tout est prêt pour l'impression, cliquez sur **Imprimer**.

Annexe

Annexe 1- Méthodes de sélection des cellules, des lignes ou des colonnes

Sélection	Démarches
Une seule Cellule	Cliquez sur la cellule.
Une plage de cellules	- Cliquez sur la première cellule de la plage de cellules, puis faites glisser le curseur jusqu'à la dernière cellule. - Cliquer sur la première cellule de la plage, maintenir la touche MAJ enfoncée pendant que vous appuyez sur les flèches de direction pour étendre la sélection. - Sélectionnez la première cellule de la plage, puis appuyez sur la touche F8 et étendre la sélection à l'aide des flèches de direction. Pour arrêter l'extension de la sélection, appuyez sur la touche **Esc** du clavier.
Une large gamme de cellules	Cliquer sur la première cellule de la plage, puis maintenir la touche MAJ enfoncée pendant que vous cliquez sur la dernière cellule de la plage.

Toutes les cellules dans une feuille de calcul	Pour sélectionner la feuille de calcul entière, pressez les touches **CTRL + A**.
Cellules non adjacentes	- Sélectionner la première cellule, puis maintenir la touche **Ctrl** enfoncée et sélectionner les autres cellules. - Sélectionner la première cellule ou plage de cellules, puis appuyer sur **MAJ + F8** pour ajouter une autre cellule non adjacente. Pour arrêter la sélection, appuyez à nouveau sur **Maj + F8**.
Une ligne ou une colonne entière	Cliquez sur l'en-tête de la ligne ou de la colonne.
Rangées adjacentes ou des colonnes	Sélectionner la première ligne ou colonne; puis maintenir la touche MAJ enfoncée pendant que vous sélectionnez la dernière ligne ou colonne.

Lignes ou des colonnes non adjacentes	Cliquer sur l'en-tête de la ligne ou de la colonne, puis maintenir la touche **CTRL** enfoncée tout en cliquant sur les autres lignes ou colonnes que vous souhaitez ajouter à la sélection.

Annexe 2- Touches de raccourci

Touches	Fonctions
ALT+F1	Insérer un graphique.
ALT+SHIFT+F1	Insérer une nouvelle feuille de calcul.
SHIFT+F2	Ajouter une cellule de commentaire.
CTRL+F2	Faire un aperçu avant impression.
SHIFT+F3	Faire apparaître la boîte de dialogue d'insertion de fonction.
ALT+F4	Fermer Microsoft Excel.
CTRL+SHIFT+PAGE DOWN	Sélectionner la prochaine feuille de calcul.
CTRL+Barre d'espacement	Sélectionner une colonne.
CTRL+SHIFT+PAGE UP	Sélectionner la feuille de calcul qui précède.

SHIFT+Barre d'espacement	Sélectionner une ligne.
CTRL+SHIFT+Barre d'espacement	Sélectionner plusieurs feuilles de calcul.
CTRL+C	Copier la cellule sélectionnée.
CTRL+L	Insérer un tableau.
CTRL+N	Créer un nouveau fichier.
CTRL+P	Imprimer.
CTRL+S	Sauvegarder.
CTRL+X	Couper le contenu de la cellule sélectionnée.

Annexe 3- Fonctions

Quelques fonctions Date et Heure

Fonctions	Description
DAY 360	Calcule le nombre de jours entre deux dates sur la base d'une année de 360 jours.
HOUR	Transforme une série de données en heure.
MINUTE	Transforme une série de données en minute.
MONTH	Transforme une série de données en mois.
NETWORKDAYS	Calcule le nombre de journées de travail entières entre deux dates.
NETWORKDAYS.INTL	Calcule le nombre de journées de travail entières entre deux dates en utilisant les paramètres permettant d'indiquer le nombre de jours de week-end.

Quelques fonctions financières

Fonctions	Description
AMORDEGRC	Calcule l'amortissement pour chaque période comptable en utilisant un coefficient d'amortissement.
AMORLINC	Calcule l'amortissement pour chaque période comptable.
CUMIPMT	Calcule l'intérêt cumulé payé entre deux périodes
DB	Calcule l'amortissement d'un actif pour une période déterminée en utilisant la méthode intérêt fixe.
DDB	Calcule l'amortissement d'un actif pour une période déterminée en utilisant la méthode dégressive.
DURATION	Calcule la durée annuelle d'un titre avec des paiements d'intérêts périodiques.
EFFECT	Calcule le taux d'intérêt annuel effectif.
FV	Calcule la valeur future d'un investissement.
FVSCHEDULE	Calcule la valeur future d'un capital initial avec des taux d'intérêt composés.
INTRATE	Calcule le taux d'intérêt du montant total investi.

IPMT	Calcule le taux d'intérêts d'un investissement pour une période donnée.
IRR	Calcule le taux de rendement interne.
ISPMT	Calcule l'intérêt payé au cours d'une période spécifique d'un investissement.
NOMINAL	Calcule le taux d'intérêt annuel nominal.
PV	Calcule la valeur actuelle d'un investissement.
RECEIVED	Calcule le montant reçu à l'échéance du montant total investi.
SLN	Calcule l'amortissement linéaire d'un actif pour une période.
VDB	Calcule l'amortissement d'un actif pour une période déterminée ou partielle en utilisant une méthode d'amortissement dégressif.

Fonctions logiques

Fonction	Description
AND	Vérifie si tous les arguments sont vrais.
IF	Permet de faire un test logique.
IFERROR	Calcule la valeur de l'erreur dans une formule.
NOT	Inverse la logique de l'argumentation.
TRUE	Vérifier si la valeur logique est vraie.

Quelques fonction mathématiques et trigonométrique

Fonctions	Description
ABS	Calcule la valeur absolue d'un nombre.
ACOS	Calcule le cosinus d'un nombre.
ACOSH	Calcule le cosinus hyperbolique inverse d'un nombre.
COS	Calcule le cosinus d'un nombre.
COSH	Calcule le cosinus hyperbolique d'un nombre.
DEGREES	Permet de convertir : radians en degrés.
LOG	Calcule le logarithme d'un nombre.
LOG10	Calcule le logarithme d'un nombre à base 10.
PI	Calcule la valeur de pi.
POWER	Calcule le résultat d'un nombre élevé à une puissance.
QUOTIENT	Calcule la partie entière d'une division.
RADIANS	Permet de convertir : degrés en radians.
SUM	Calcule la somme d'une série de données.

Quelques fonctions statistiques

Fonctions	Description
AVEDEV	Calcule la moyenne des écarts absolus d'une série de données.
AVERAGE	Calcule la moyenne des données.
BINOM.DIST	Calcule la probabilité d'une distribution binomiale.
BINOM.INV	Calcule la plus petite valeur pour laquelle la distribution binomiale cumulée est inférieure ou égale à une valeur.
CORREL	Calcule le coefficient de corrélation entre deux séries de données.
COUNTA	Calcule le nombre de valeurs dans une série de données.
COUNBLANK	Calcule le nombre de cellules vides dans une plage de cellules.
COUNTIF	Calcule le nombre de cellules dans une plage de cellules qui répondent à un critère.
COUNTIFS	Calcule le nombre de cellules dans une plage de cellules qui répondent à un certain nombre de critères.

k

DEVSQ	Calcule la somme des carrés des écarts.
EXPON.DIST	Calcule la distribution exponentielle.
FISHER	Calcule une fonction Fisher.
FISHERINV	Calcule l'inverse d'une fonction Fisher.
FREQUENCY	Calcule une distribution de fréquence.
MAX	Calcule la valeur maximale dans une série de données.
MEDIAN	Calcule la médiane d'une série de données.
MIN	Calcule la valeur minimale d'une série de données.
PEARSON	Calcule une fonction Pearson.
POISSON.DIST	Calcule une distribution de Poisson.
STDEV.P	Calcule l'écart type à partir de l'ensemble de la population.
STDEV.S	Calcule l'écart type à partir d'un échantillon.

Annexe 4 - Exercices

Exercice 1

1) Lancer Microsoft Excel.

2) Taper la liste suivante :

Articles	
Cahier	
Plume	
Crayon	
Cartable	
Aiguisoir	
Papier	
Enveloppe	
Craie	

3) Utiliser l'option **Mise en forme conditionnelle** pour modifier le tableau.

4) Sauvegarder le document sous le nom de TP1 dans **Mes Documents**.

m

Exercice 2

1) Ouvrir le document TP1 réalisé dans l'exercice 1.

2) Ajouter trois autres colonnes comme suit :

Articles	Quantité	Prix unitaire (en dollars)	Prix total (en dollars)
Cahier	3000	50	
Plume	4400	5	
Crayon	5500	5	
Cartable	2000	10	
Aiguisoir	3000	45	
Papier	3700	5	
Enveloppe	454	10	
Craie	300	5	

n

4) Centrer les données des colonnes 2 et 3.

5) Calculer le prix total de chaque article dans la quatrième colonne.

5) Classer les articles par ordre alphabétique.

6) Sauvegarder les modifications apportées au document.

Exercice 3

1) Lancer Microsoft Excel.

2) Saisir les données suivantes :

Nom & Prénom	Moyenne I	Moyenne II	Moyenne III	Total	Moyenne générale
Jean Marie	68	70	69		
Pierre Franck	72	71	74		
Louis Bernard	73	72	75		
Charles Suze	69	68	70		
Joseph Brice	77	70	75		
Jean Cassandre	78	73	76		
Philippe Jude	71	70	69		
Edmond Jules	72	71	69		
Pierre Valérie	71	70	70		

p

3) Calculer la note totale des élèves.

4) Calculer la moyenne générale.

5) Classer les élèves en fonction des moyennes obtenues.

6) Sauvegarder le document sous le nom de TP2.

Exercice 4

1) Ouvrir le document TP2 réalisé dans l'exercice 3.

2) Faire un tri pour sélectionner les élèves qui ont obtenu une moyenne supérieure à 70.

3) Sauvegarder les modifications apportées.

Exercice 5

1) Ouvrir le document TP2 réalisé dans l'exercice 3.

2) Dans la colonne située à droite de la colonne moyenne générale, saisir les mentions ;

3) Considérant que les élèves doivent obtenir une moyenne générale supérieure ou égale à 70 pour réussir. Utiliser la fonction logique **Si** afin d'afficher la mention «Réussi» au cas où la note générale est supérieure ou égale à 70 et afficher «Echec» dans le cas contraire.

r

Exercice 6

1) Lancer Microsoft Excel et saisir des données pluviométriques.

2) Dans la première feuille de calcul, saisir les données de la première période. Renommer la feuille : PERIODE 1. Saisir les données suivantes :

	Janvier	Février	Mars	Avril
Quantité (en mm)	23	22	233	322

Calculer la pluviométrie totale et la pluviométrie moyenne pour la première période. Représenter graphiquement ces données.

3) Dans la deuxième feuille de calcul, saisir les données de la deuxième période. Renommer la feuille : PERIODE 2. Saisir les données suivantes :

	Mai	Juin	Juil	Août
Quantité (en mm)	220	54	330	344

Calculer la pluviométrie totale et la pluviométrie moyenne pour la deuxième période. Représenter graphiquement ces données.

4) Dans la troisième feuille de calcul, saisir les données de la troisième période. Renommer la feuille : PERIODE 3. Saisir les données suivantes :

	Septembre	Octobre	Nov	Déc
Quantité (en mm)	120	305	240	70

Calculer la pluviométrie totale et la pluviométrie moyenne pour la troisième période. Représenter graphiquement ces données.

5) Insérer une autre feuille de calcul pour lier les moyennes calculées pour chaque période. Renommer la feuille ANNEE 1. Insérer le tableau suivant :

	Pluviométrie moyenne
Période 1	
Période 2	
Période 3	

Pour compléter ce tableau, lier les cellules de la feuille 4 avec les cellules qui affichent les moyennes dans les feuilles 1, 2 et 3.

6) Sauvegarder le fichier sous le nom de TP6.

Microsoft Excel 2013

Initiation à Microsoft Excel 2013

Par : Jackson Gervais

Microsoft Excel est un programme d'application qui permet la réalisation de différentes tâches. Cet ouvrage explique l'utilisation de ce logiciel et comprend des exposés théoriques ainsi que des travaux pratiques.

Les grandes lignes abordées dans cet ouvrage sont : les étapes à suivre pour lancer Microsoft Excel, les différentes fonctionnalités de Microsoft Excel et aussi des exercices.

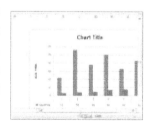

Cet ouvrage est écrit dans un style clair et net visant à faciliter l'apprentissage des débutants.